VENTE

DU

Samedi 20 Mars 1909

HOTEL DROUOT

SALLE N° 7

ESTAMPES & LIVRES à FIGURES

des XVIe, XVIIe et XVIIIe siècles

Ornementation, Architecture, Costumes

Mᵉ ANDRÉ DESVOUGES

COMMISSAIRE-PRISEUR

M. GEORGES RAPILLY

EXPERT

CATALOGUE

D'ESTAMPES & LIVRES à FIGURES

DES XVIe, XVIIe ET XVIIIe SIÈCLES

Ornementation, Architecture, Costumes, Portraits

ŒUVRES DE

ALBERT DÜRER, ALTDORFER, BLONDEL, DELAFOSSE, COLLAERT,
GOYA, JAMNITZER, LA JOUE, LALONDE, MAITRE DE 1551, VIRGILE SOLIS,
TORTEREL ET PERRISSIN, WECHTER, B. ZAN.

LIVRES ILLUSTRÉS DU XVIIIe SIÈCLE

DONT LA VENTE AURA LIEU

A PARIS, HOTEL DROUOT, SALLE No 7

Le Samedi 20 Mars 1909, à 2 heures précises

Par le ministère de **Me André DESVOUGES**, Commissaire-priseur

Successeur de Me Maurice DELESTRE

26, RUE DE LA GRANGE-BATELIÈRE, 26

Assisté de **M. Georges RAPILLY**

Marchand d'Estampes de la Bibliothèque Nationale

9, QUAI MALAQUAIS, 9

CONDITIONS DE LA VENTE

Elle sera faite au comptant.

Les acquéreurs paieront 10 p. 100 en sus du prix d'adjudication.

Les livres vendus devront être collationnés sur place dans les vingt-quatre heures de l'adjudication. Passé ce délai, ils ne seront repris pour aucune cause.

M. Rapilly se réserve la faculté, dans l'intérêt de la vente, de réunir ou de diviser les numéros du catalogue. Il remplira les commissions qu'on voudra bien lui confier.

MM. les Amateurs pourront visiter la collection 9, quai Malaquais, du Mercredi 17 au Vendredi 19 Mars 1909, de 2 h. à 5 heures.

DÉSIGNATION

ALDEGREVER (Henri).

1. Dessin de grotesques, orné de deux satyres et d'une chauve-souris; 1550. (B. 282). In-12.

Très belle épreuve.

ALTDORFER (Albert).

2. Vase richement décoré avec couvercle et dont le pied est orné de trois figures ailées. (B. 78). In-4°.

Belle épreuve, grandes marges.

3. Vase en forme de hanap, avec couvercle, dans une niche. (B. 80). In-4°.

Belle épreuve, sans marges.

AUBRY (Abraham).

4. Figures au naturel tant des vestements que des postures des Gardes Françoises du Roy Très-chestien. 1643. Titre et 7 pièces.

Belles épreuves avec marges, sauf le titre.

BANG (Jérôme).

5. Frises pour l'Orfèvrerie en forme de lambrequins, et ornées de rinceaux entremêlés de figures d'hommes, d'animaux et de groupes de fruits; suite de 10 p. In-12.

Très belles épreuves sans marges.

BAUMGÄRTNER

6. Gardes et poignées d'épées. Suite de 6 pièces. In-4°.

Belles épreuves avec petites marges.

BELLA (Étienne della).

7. Cartouches en largeur. Suite de 12 pièces gravées par Collignon. — Nouvelles inventions de Cartouches dessinés et gravés à l'eau-forte par E. de la Bella. 1647. Suite de 12 pièces. Ensemble 24 pièces. In-8° et in-12.

8. Païsages maritimes, faicts par S.-D. Bella, et mis en lumière par Israël. In-4°.

57 charmantes petites pièces : marines paysages, combats, vues de villes et de châteaux, etc.

Belles épreuves à grandes marges.

BÉRAIN (Jean).

9. Diverses pièces très utiles pour les arquebusiers inventées et gravées par Jean Bérain. *Paris, Le Blond*, 1667. Petit in-4°.

8 pièces y compris le titre ; on y a joint un fragment de la 9e pièce.

10. 5 grands panneaux dont 1 en largeur et 4 en hauteur représentant les 4 saisons. Cahier E. In-folio.

Très belles épreuves à grandes marges.

11. Grands panneaux, arabesques et montants d'ornements. A *Paris, chez Thuret*. 5 pièces in-fol. Cahier F.

Très belles épreuves à grandes marges sauf la première qui est rognée.

12. Grands panneaux d'ornements arabesques, etc. 12 pièces in-fol. provenant de différentes suites.

13. Portes dans le grand appartement des Tuileries. 8 pièces gravées par Chauveau.

Très belles épreuves avec marges.

BLONDUS (Michel).

14. Frises ornées de fleurs, de fruits et d'animaux. 3 p. remargées (une est déchirée).

BOUCHER (François).

15. Groupes d'enfants. *A Paris, chez Huquier*. In-fol., en ff.

16 pièces gravées par Larue et Huquier.

BOUCHER fils.

16. Livre de meubles et de décoration. 17 pièces in-fol. extraites des cahiers 21, 26, 34, 36, 39, 46.

17. Deuxième recueil de décorations intérieures et extérieures. 12 pièces extraites des cahiers D. E. H. J. P.

BOYVIN (René).

18. Trophées d'armes (R. D. 153-158). Suite de 6 pièces. In-fol.

Belles épreuves remargées.

19. Coiffures d'hommes et de femmes pour les ballets, d'après Maître Rous. 4 p. d'une suite de 12 pl. In-4°.

20. Modèles de bagues. 2 pièces gravées dans la manière de René Boyvin.

BRENNA (Vin.).

21. Novus Thesaurus Gemmarum veterum. 58 pièces représentant des pierres gravées antiques encadrées dans des entourages d'ornements grotesques. In-fol.

BRY (Théodore de).

22. Le Capitaine des Follie (*sic*). Jolie pièce de forme ronde pour fond de coupe.

Très belle épreuve remargée.

23. Ornements pour garnitures d'épées, ceintures, bouterolles, etc. 2 pièces.

Belles épreuves de pièces rares.

COLLAERT (Jean).

24. Les Pendeloques. *Monilium bullarum... Philippus Galleus, exc.*, 1581. Petit in-4°, en ff.

9 pièces, d'une suite de 10 estampes, représentant des motifs d'orfèvrerie ornés de pierreries et entremêlés des figures des dieux de la Fable.

Belles épreuves de pièces fort rares. Le titre est taché et raccommodé.

25. Les Pendeloques. *Bullarum inaurium*, etc. *Pars altera*; 1582, *Ph. Galleus excud.* Petit in-4°, rel. veau.

Suite complète de 10 pièces de motifs d'orfèvrerie représentant des poissons fantastiques ornés de pierreries et portant sur le dos des personnages mythologiques ou bibliques.

Belles épreuves à grandes marges d'une suite fort rare.

26. Motifs d'Orfèvrerie donnant de superbes modèles pour pendeloques, croix, pendants d'oreilles, agraffes, etc., décorés de perles fines, 12 pièces. Petit in-4°.

Belles épreuves d'estampes rares, malheureusement tachées et rognées.

COSWAY (d'après R.).

27. Michal, y Isabella z Lasockich Oginscy. Portraits en pied, gravés par Schiavonetti. *Londres*, 1793. In-fol.

Superbe épreuve imprimée en couleurs, avec marges.

COTELLE

28. Livre de divers ornements pour plafonds, cintres surbaissés, galeries et autres. Petit in-fol.

Suite de 21 pièces y compris le titre et la dédicace; 3 sont en double état.

CUVILLIÉS

29. Livre d'ornements à divers usages nouvellement inventé par François de Cuvilliés, architecte, et gravé par Cuvilliés le fils. *A Paris, chez le sieur Poilly*. In-fol.

Suite de 6 pièces formant le 18e livre.

Belles épreuves à grandes marges.

DELAFOSSE

30. Chaires de prédicateur. — Poëles à la mode antique. 8 pièces éditées chez *J. Martin Will, à Augsbourg.* In-fol.

DELAUNE (Etienne).

31. Histoire de la Genèse. (R. D. 24-59). Suite de 36 pièces. In-8°.

32. Différents sujets ornés de paysages. (R. D. 67-84). Suite de 18 petites pièces de forme ovale, dont nous n'avons que 17 (la 9e manque).

33. Atelier d'Orfèvre, 1576. (R. D. 267). In-8°.

Belle épreuve remargée d'une estampe fort rare et recherchée.

34. Combats et Triomphes; 9 pièces d'une suite de 12. (R. D. 281 à 284, 287, 289 à 292). In-8°.

DROLLICH (Wolter Swersz).

35. Verscheyden Nuwe compartamenten... Jaques Goltius exc. Titre et 6 ff. de très beaux cartouches dans le genre de Vredeman de Vriese.

Belles épreuves, avec marges, d'une suite non citée. Dessin à l'encre sur la marge d'une des pièces.

DÜRER (Albert).

36. Adam et Ève. 1504. (B. 1). In-4°.

Belle épreuve.

37. L'enfant prodigue gardant des pourceaux. (B. 28). In-4°.

Très belle épreuve.

38. Saint-Georges à cheval. 1508. (B. 54). In-8°.

Belle épreuve d'une très jolie pièce.

39. Saint-Jérôme dans sa cellule. 1514. (B. 60). In-4°.

Très belle épreuve d'une estampe rare et très estimée.

DÜRER (Albert).

40. Saint-Jérôme en pénitence. (B. 61). In-fol.

Très belle épreuve.

41. L'enlèvement d'Amymone. (B. 71). In-4°.

Superbe épreuve.

42. La Mélancolie, 1514. (B. 74). In-4°.

Très belle épreuve de l'estampe la plus recherchée de l'œuvre de Dürer.

43. Le cheval de la mort, 1513. (B. 98). In-4°.

Belle épreuve d'une pièce rare et estimée.

DUVAL (Marc).

44. Les Quatre Saisons: panneaux grotesques. Suite de 4 pièces. In-4°.

Belles épreuves, avec marges.

ÉCOLE ALLEMANDE

45. Ornements d'Orfèvrerie, décorés de mascarons, fleurs et animaux, etc.; 15 pièces tirées de deux suites différentes. In-8°.

Pièces rares, gravées dans la manière de Paul Flynt (vers 1590).

ÉCOLE HOLLANDAISE

46. Les douze mois de l'année, figurés par les occupations qui les caractérisent. Suite de 12 pièces dans des encadrements ornés, exécutées par un artiste hollandais du XVIe siècle. In-4°, en ff.

Très curieuse suite.

ÉCOLE DE FONTAINEBLEAU

47. Panneaux grotesques, par Dominique Florentin (?). 7 pièces d'une suite de 10 estampes. In-4°, en larg.

Belles épreuves, rares.

EYSLER

48. Frises formées d'entrelacs et de rinceaux de feuillages. *J. Ch. Weigel exc.* Petit in-fol.

Suite complète de 6 pièces, belles épreuves avec marges.

FLAMEN (Albert).

49. Livre d'oiseaux gravés et désignés au naturel par Albert Flamen. (R. D. 402-413). Suite de 12 pièces. In-4°, en larg.

50. Diverses espèces de poissons de mer et d'eau douce. (R. D. 415-474). 32 pièces d'une suite de 60 estampes. In-8°, en larg.

FORTY

51. Flambeau et baromètre, 2 p. gravées par Colinet, extraites des Œuvres de Sculptures en bronze. In-fol.

JACQUE

52. Vases nouveaux composés par M. Jacque peintre, et dessinateur en la Manufacture Royale des Gobelins. *A Paris, chez Daumont*. 5 pièces d'une suite de 6 planches. (Le titre manque).

Belles épreuves à grandes marges.

JAMNITZER (Christ.).

53. Coupe richement ornée, couverte d'une autre dans le même genre. In-4°.

Superbe épreuve ; petites marges.

54. Coupe ornée de rinceaux et de grotesques : son couvercle est formé par une autre coupe semblable. In-4°.

Très belle épreuve, parfaitement conservée et à grandes marges.

JUILLET

55. Cahiers de Trophées utiles à toutes sortes d'ouvrages. *A Paris, chez Juillet*, 1768. In-fol.

10 p. d'une suite de 12 pl. contenant chacune 4 trophées.

LAECHLIN (H.-Ch.).

56. Un gobelet et deux vases richement ornés, 1595. 3 p. gravées au pointillé dans le genre de Paul Flynt.

Très belles épreuves à grandes marges de pièces fort rares.

LA JOUE (J. de).

57. Recueil nouveau de différents cartouches inventés par le sieur de La Joue. 23 pièces d'une suite de 24 estampes gravées par Huquier, Cochin, Joullain, formant les cahiers A et B. de l'œuvre. In-4°.

Belles épreuves, la plupart à toutes marges.

LALONDE

58. Œuvres diverses de Lalonde, décorateur et dessinateur... *A Paris, chez Chéreau.* In-fol., en feuilles.

42 planches formant 7 cahiers (B. C. D. E. M. N. R.) de chacun 6 pièces : bordures, pieds de table et consoles, cheminées, plafonds, corniches, etc.

LALONDE, FAY et BINELLI

59. Cahiers de serrurerie moderne. *A Paris, chez Jean.* Petit in-folio, en feuilles.

Cahiers 1, 2, 4, 6, 8, 11 à 20 de chacun 4 planches gravées par Fay, Quéverdo, Blanchard.

LE NOTRE et LE BLOND

60. Plans de jardins, parterres de broderie, treillages, fontaines et terrasses, etc. *A Paris, chez Mariette*, s. d., recueil factice de 31 pièces. Petit in-folio.

LEU (Thomas de) et FIRENS

61. Cérémonies observées au Sacre et au Couronnement du Très-Chrestien Roy de France et de Navarre, Louis XIII, 1610. Pièce gr. in-fol., ornée de deux gravures sur cuivre, par Thomas de Leu et Firens, d'après Quesnel; avec texte imprimé autour.

Pièce historique fort rare, surtout avec le texte.

LUCOTTE

62. Modèles de Carrosses, Berlines, Diligences, Cabriolets, etc.; 13 pièces gravées par Bénard. Extraites de l'*Encyclopédie*.

MAITRE DE 1551

63. Grand vase en forme de gourde, sur pied, décoré d'arabesques avec, au milieu, un écusson dans un médaillon rond. In-fol.

Superbe épreuve avec marges d'une pièce fort rare.

64. Un grand chandelier décoré d'ornements variés. In-fol.

Belle épreuve d'une pièce fort rare légèrement rognée du côté droit.

65. Vase d'orfèvrerie en forme de hanap, richement décoré. In-fol.

Belle épreuve d'une pièce rare.

MAITRE AU MONOGRAMME F. D. P.

66. Ornements sur fond noir, 6 pièces de formes rectangulaire et ovale, gravées dans le genre de Daudet et de Bourguet, et ornées de rinceaux de feuillages blancs sur fond noir. In-12.

Charmantes petites pièces fort rares, 4 sont signées du monogramme indiqué.

MAITRE AU MONOGRAMME B. L.

67. Deux petites frises grotesques en largeur, dont l'une porte le monogramme. 2 pièces in-8°.

NILSON (J.-E.)

68. Sujets Champêtres; le Bal et le Concert champêtres; les Quatre parties du Jour; Jeux de Cartes, de Trictrac et de Billard. 18 pièces. Petit in-fol.

PASSE (Crispin de)

69. Les douze mois de l'année, représentés dans des médail-

lons ronds avec inscriptions dans la bordure. Titre et 11 pièces (janvier manque). Petit in-4°.

Très belles épreuves, marges.

70. Les Quatre Éléments. Médaillons ronds dans des bordures richement ornées de figures d'animaux. Suite de 4 pièces. Petit in-4°.

Très belles épreuves, sans marges.

71. Les Vertus cardinales. Médaillons ovales dans des cartouches ornés. Suite de 7 pièces. In-12.

Bonnes épreuves; petites marges.

72. Costumes militaires dans des médaillons ovales. Suite de 13 pièces. In-8°.

Belles épreuves; 2 sont légèrement rognées.

PINEAU

73. Nouveaux dessins de pieds de tables et de vases et consoles, de sculpture en bois, inventés par le Sr Pineau, sculpteur. A *Paris, chez Crépy le fils*, s. d., suite de 6 pièces. In-fol., en larg.

Belles épreuves à toutes marges.

PLEGINCK (MARTIN).

74. Différents Oiseaux à l'usage des orfèvres. Suite de 8 pièces y compris le titre sur lequel on lit, dans un cartouche orné : *Hieronimus Banng excudit Norimbergensis.* In-8°.

Suite rare, non citée.

RABEL

75. Sujets de Chasse. *Mariette exc.* Suite de 6 pièces. Petit in-fol., en larg.

SAINT-AUBIN (CH.-G. DE).

76. Différents bouquets de fleurs d'apr. nature. A *Paris, chez Mondhare et Jean.* In-4°.

Suite de 4 pièces rares formant le 1er cahier.

SALEMBIER

77. Cahiers d'ornements dessinés par Salembier et gravés par Juillet en 1777-78. In-fol.

14 p. extraites des 3e, 4e, 5e, 6e et 8e cahiers : frises, vases, trophées, chandeliers, chenêts, etc. Deux sont imprimées en sanguine.

78. Modèles d'orfèvrerie, dessinés et gravés par Salembier, 4 p. : vases, coquetiers, cuillers, fourchettes, feux, pelles et pincettes. In-fol.

79. Cahier d'arabesques, composées et gravées par Salembier. *A Paris, chez Chéreau*, 5 p. d'un cahier de 6 pl. In-fol. (cahier B.).

Belles épreuves à grandes marges.

SALY (Jacques-François).

80. Vases richement ornés, dessinés et gravés par Saly. 23 pièces d'une suite de 30 planches.

Belles épreuves avec marges.

SOLIS (Virgile).

81. Vase de forme ovale, richement orné, avec anses.

Belle épreuve ; un coin réparé.

82. Petits vases d'orfèvrerie en forme de ciboires : 8 pièces. In-12.

Très belles épreuves de pièces rares.

83. Deux vases décorés de figures marines. Au bas de chaque pièce, on lit : *Ionico ; Dorico*. In-12.

Belles épreuves, petites marges.

84. Petit vase d'orfèvrerie richement orné, dont le couvercle est surmonté d'une figure de Cupidon.

Superbe épreuve légèrement rognée.

SOLIS (Virgile).

85. Le Bain des Anabaptistes, d'après Aldegrever. In-fol. (B. 265).

Belle épreuve d'une pièce rare, la plus considérable de Virgile Solis.

TORO (J.-B.).

86. Vases ornés. — Panneau décoratif. 4 pièces in-4°, gravées par C. Cochin.

VASES

87. Premier cahier de vases inventés et dessinés par M. de St.-G., et gravés par Biance. *A Paris, chez Le Père et Avaulez*, s. d. In-fol.

5 pièces d'un cahier de 6 pl. rares non citées par Guilmard.

88. Vases antiques des jardins de Rome. 34 pièces imprimées sur 17 feuilles. In-fol.

VICO (Enée).

89. Vases d'après l'antique. *Rome*, 1543. 11 pièces. In-4°.

WECHTER (Georges).

90. Coupe richement ornée.

Belle épreuve avec marges, sauf sur le côté droit.

91. Aiguière richement ornée dont l'anse est formée d'un serpent posé sur la tête d'un satyre.

Belle épreuve d'une pièce rare.

92. Pièce d'orfèvrerie en forme de gobelet monté sur pied décorée d'arabesques et d'un mascaron. Petit in-fol.

Belle épreuve avec marges d'une pièce fort rare.

ZAN (Bernhart).

93. Vase d'orfèvrerie décoré d'ornements et de groupes de fruits, avec couvercle surmonté d'une pomme de pin. Gravure au pointillé. In-4°.

Très belle épreuve d'une pièce rare, signée des initiales B.-Z. 1581.

ZAN (Bernhart).

94. Grand Bocal décoré d'ornements, groupes de fruits et d'un masque d'homme barbu, 1581. In-4°.

Belle épreuve coloriée, d'une gravure rare, au pointillé.

95. Vase à boire, dont la panse, richement ornée, est décorée d'une tête de femme, avec anse et couvercle. 1581. In-4°.

Gravure au pointillé, très rare.

96. Autre vase à boire, plus petit. Il est également richement orné, avec anse et couvercle, 1581. Gravure au pointillé. In-4°.

Belle épreuve, rare.

LIVRES ET RECUEILS

97. **Album** de sujets religieux d'après les chefs-d'œuvre des grands maîtres; cent pièces gravées par Chéreau, Jeaurat, Cars, Duflos, Girardon, Audran, etc., d'après Raphaël, Mignard, Lebrun, Rubens, Lesueur, etc. En un vol. in-fol., rel. veau.

98. **Ambert** (Joachim). Esquisses historiques des différents corps qui composent l'Armée française. *Saumur*, 1835. In-fol., demi-maroq. rouge.

16 lithographies, dessinées par Ch. Aubry, en double état, en noir et en couleurs, sur papier de Chine.
Rare en cet état.

99. — Esquisses historiques, psychologiques et critiques de l'armée française. Nouvelle édition. *Bruxelles*, 1841. Gr. in-8°, demi-veau.

16 lithographies coloriées, dessinées par Aubry, représentant des costumes militaires français.

100. **Arnaud** (J.-B. D'). Œuvres. *Paris*, 1795. 12 tomes en 11 vol. in-8° cartonnés.

34 gravures et 42 vignettes et culs-de-lampe d'après Eisen, Le Barbier et Marillier.

101. **Bastide.** Le dépit et le voyage, poème avec des notes ; suivi des lettres vénitiennes. *A Londres, et se trouve à Paris*, 1771. In-8° cart.

Illustré de 6 fig. par Desrais.

102. **Batteux** (Abbé). Les Quatre Poëtiques : d'Aristote, d'Horace, de Vida, de Despréaux. Avec les traductions et des remarques. *Paris*, 1771. 2 vol. gr. in-8°, veau marbré, dos ornés, pièces, tr. marb.

Beau frontis. de Cochin, gravé par Aug. de St Aubin.

103. **Beauvais.** Livre de Vases, 1re suite. *A Paris, chez J.-F. Chéreau*, 1760. In-4°, cart.

Suite de 6 pièces gravées à l'eau-forte par Beauvais.

104. **Bible.** Recueil factice de 200 gravures sur bois extraites d'une Bible publiée à Wittemberg en 1581. Album in-4° oblong, cart.

Curieuses figures coloriées.

105. **Blin de Sainmore.** Héroïdes ou lettres en vers. Nouvelle édition. *Paris, Jorry*, 1767. In-8°, rel. veau, tr. dor.

Vignettes de Gravelot et d'Eisen.

106. **Blondel** (François). Cours d'Architecture enseigné dans l'Académie royale d'Architecture. Ou sont expliquez les termes, l'origine et les principes d'architecture, et les pratiques des cinq ordres suivant la doctrine de Vitruve... 2e édition, corrigée et augmentée. *A Paris, chez l'auteur*, 1698. In-fol., vélin blanc, plats ornés, tr. r. (Rel. anc.).

Parties I à III (au lieu de V), ornées de planches et vignettes gravées sur cuivre.

107. **Blondel** (Jacques-François). De la Distribution des Maisons de Plaisance, et de la Décoration des Edifices en

général. Ouvrage enrichi de cent soixante planches en taille-douce, gravées par l'auteur. *A Paris, chez Ch.-Ant. Jombert*, 1737-1738. 2 vol. in-4°, veau marbré, dos ornés, tr. rouge. Rel. anc. .

108. **Blondel.** Cours d'Architecture, ou traité de la décoration, distribution et construction des batiments; contenant les leçons données en 1750 et les années suivantes, par J.-F. Blondel. *Paris, Desaint*, 1771-1777. 6 vol. in-8° de texte et 6 tomes en 3 vol. de planches, veau marbré, dos ornés, tr. rouge.

Cet ouvrage, connu sous le nom de *Petit Blondel*, a été terminé par Patte. Il est fort estimé pour les beaux motifs de décoration et d'ornements que contiennent ses 376 planches gravées.

109. **Caricatures.** Album de 84 lithographies satyriques et humoristiques, par Gavarni, Bouchot, Ch. Jacque, Lorentz et autres. *Paris, chez Aubert et Bauger*, 1850-56. Grand in-4°, relié toile.

110. **Coiffures historiques** Album de , par Henri de Bysterveld, coiffeur pour dames. *Paris*, s. d., 1867. In-8°, cart. toile, tr. dorée.

Texte français et anglais et 32 planches en couleurs de coiffures de dames.

111. **Conto** dell'amministrazione delle finanze del regno d'Italia nel 1806. Petit in-fol., maroq. rouge, dos et plats ornés, doublé de soie bleue, t. dorée.

Reliure aux armes de Napoléon Ier.

112. **Costumes militaires** de l'armée autrichienne, infanterie et cavalerie. *Vienne, Joseph Trentsensky*, s. d., vers 1830. In-fol. en ff.

10 pièces dessinées d'après nature et gravées par Papin.
Très belles épreuves coloriées.

113. — Uniformes de l'armée prussienne sous Frédéric-le-Grand. 30 pièces in-4°, en ff., dans un étui.

Intéressant recueil de dessins à la plume et au lavis donnant sur 30 ff. 117 types d'uniformes de l'armée prussienne au XVIIIe siècle.

114. **Costumes** de femmes des différents cantons de la Suisse. *A Paris, chez Tessari et C*[ie], s. d., vers 1810. 12 planches gravées, en un vol. in-4°, demi-rel.

Très belles épreuves coloriées.

115. — Costumes des représentants du peuple français. *Paris*, s. d., vers 1795. In-8°, demi-rel. veau.

16 planches coloriées.

116. — Galerie Royale de costumes. *A Paris, chez Aubert et C*[ie], s. d. In-fol., en feuilles.

5 lithogr. coloriées par Janet-Lange représentant des costumes des troupes d'Abd-el-Kader.

117. — Musée de Costumes. Recueil factice de 20 planches gravées représentant des costumes algériens, italiens, espagnols, etc. In-4° cart.

Épreuves coloriées.

118. **Delafosse** (Jean-Charles). Nouvelle Iconologie historique, ou attributs hiéroglyphiques. *A Paris, chez l'auteur et chez Chéreau*, 1768. 2 vol. in-fol., vélin blanc.

250 planches divisées en 44 cahiers. Le 2e volume suite de l'Iconologie contenant les planches relatives à la sculpture, à l'orfèvrerie et à la décoration, est très rare.

119. — Nouvelle Iconologie historique, ou attributs hiéroglyphiques. *A Paris, chez Jacques-François Chéreau fils*, s. d. In-fol., demi-rel. bas.

110 planches divisées en 18 cahiers de 6 pièces chacun, avec la table gravée.
Le titre et le texte ne se trouvent pas dans cet exemplaire.

120. **Delorme** (Ph.). Le Premier Second Livre des Nouvelles Inventions pour bien bastir et à petitz frais, trouvées n'a gueres par M. Philibert De Lorme Lyonnois, architecte, Conseiller et Aulmonier ordinaire du feu Roy Henry, et abbé de Saint Éloy lez Noyon. *Paris*, 1561. In-fol., relié vélin blanc, fil., avec ornements en reliefs

rehaussés d'or dans les coins et au centre des plats, tr. dorée.

Reliure du XVIe siècle bien conservée.
Ouvrage illustré de figures sur bois et texte encadré.
Le titre manque. Légère mouillure.

121. **Demortain.** Les plans, profils et élévations des ville et château de Versailles, avec bosquets et fontaines, tels qu'ils sont à présent. Levez sur les lieux, dessinez et gravez en 1714 et 1715. *A Paris, chez Demortain*, s. d. In-fol., veau anc.

55 planches gravées par Israël Silvestre, Lepautre, Scotin, etc.
Mouillures et déchirures.

122. **Desrochers** (E.). Recueil de portraits des personnes qui se sont distinguées tant dans les armes que dans les belles-lettres et les arts. Comme aussi la famille royale de France et autres cours étrangères. Gravez par E. Desrochers, graveur du roi. *Se vend à Paris, chez l'auteur*, s. d., vers 1730. 4 vol. in-4°, rel. veau.

Intéressante réunion de 603 portraits de personnages du siècle de Louis XIV. Chaque volume contient une table manuscrite des portraits qu'il renferme.

123. **Dorat.** Les Baisers, précédés du Mois de Mai, poëme. *A La Haye et à Paris*, 1770. Gr. in-8°, veau marbré, filets, tr. dorée.

Charmantes illustrations par Eisen et Marillier.
Bel ex. sur gr. papier de Hollande, avec le titre rouge et noir.

124. — Les Tourterelles de Zelmis, précédé des Réflexions sur le poëme érotique. — Lettre de Barnevelt, dans sa prison, à Truman, son ami. Nouv. édit. *Paris, Jarry*, 1764. In-8°, demi-bas., dos orné.

Frontispice, vignettes et culs-de-lampe d'Eisen.
On a relié dans ce vol. : Zélie au bain, poëme par le Mis de Pezay.
Épisodes des Saisons de Thomson et les quatre parties du jour, etc. Par A. G. C. B^r. *Paris*, an VII. Frontis., 4 vignettes et 4 culs-de-lampe d'Eisen. Portrait de Dorat ajouté.

125. **Duplessis-Bertaux**. Recueil de cent sujets de divers genres. *Paris, Joubert*, s. d. In-4° oblong., demi-rel. bas.

Portrait frontis. et 98 charmantes petites planches, gravés par Duplessis-Bertaux. Belles épreuves avant la lettre.

126. **Du Rosoi.** Les Sens, poëme en six Chants. 2e édition. *Londres (Paris)*, 1767. In-8°, rel. veau.

Frontis., vignettes et culs-de-lampe par Eisen et J.-G. Wille.

127. **État actuel** de la Musique du Roi et des trois spectacles de Paris. *A Paris, chez Vente*, 1769. In-12 cart.

Titre gravé et 4 vignettes par Marillier.

128. **Étrennes géographiques**, année 1761. Royaume de France divisé par généralités, subdivisé par élections, diocèses, baillages, etc., par L. A. du Caille. *Paris*, s. d., 1761. Petit in-12, maroq. vert., fil et dent., dos orné, tr. dorée. Rel. anc.).

Frontispice, titre orné par Poussin et Choffard, et 29 cartes géographiques entièrement montées sur onglets.

129. **Étrennes mignonnes,** curieuses et utiles, avec plusieurs augmentations et corrections pour l'année 1779. *Paris*, 1779. In-32, maroq. rouge, fils et dent., dos orné, tr. dorée. (Rel. anc.)

130. **Fénelon.** Les Aventures de Télémaque, fils d'Ulysse. Par feu Messire François de Salignac, de la Motte Fénelon, précepteur de Messeigneurs les Enfants de France... Nouvelle édition, conforme au manuscrit original, et enrichie de figures en taille-douce. *Amsterdam, Wetstein, G. Schmith et Zach-Chatelain*, 1734. In-4°, veau écaille, fil., dos orné, tr. marbr. (Rel. anc.).

Frontispice, fleuron, portrait de Bossuet gravé par Drevet, de 24 figures, autant de vignettes et 21 culs-de-lampe, par Debrie, Dubourg, Picard, etc.

131. — Les aventures de Télémaque, fils d'Ulysse. *Paris, de l'Imprimerie de Monsieur*, 1785. 2 vol. gr. in-4°, veau fauve, dos orné, tr. r. (Rel. anc.).

Sur papier vélin, orné d'un titre frontis. gravé par Moutulay daté de 1773), 72 figures gravées par Tilliard, d'après les dessins de Ch. Monnet, et 24 planches renfermant les sommaires avec culs-de-lampe au bas.

132. **Fénelon**. Les aventures de Télémaque. *Paris*, 1785. 2 vol. in-4°, maroq. rouge, fil., dos ornés, tr. dorée. (Rel. fatiguée.)

Titre-frontis., 72 figures de Monnet, gravées par Tilliard et 24 pl. ornées de culs-de-lampe contenant les sommaires. — On y a joint 24 fig. de Moitte gravées au lavis par Parisot.

133. **Gheyn** (Jacques de). Maniment d'armes d'arquebuzes, mousquets et piques, représentés par figures. *La Haye*, 1608. In-fol., veau anc.

Édition allemande, illustrée de 105 planches coloriées (au lieu de 117). Déchirures et taches.

134. **Goya**. Les Caprices. Suite de 80 planches gravées à l'eau-forte et à l'aquatinte. In-4°, demi-chag. violet, plats toile, tr. dorée.

Belles épreuves d'un tirage exécuté vers 1860.

135. — Los Désastres de la Guerra. *Madrid*, 1863. Suite de 80 planches gravées à l'eau-forte, en 8 livraisons. In-4° oblong, broché.

Très belles épreuves.

136. — Los Proverbios. *Madrid*, 1864. Suite de 18 planches gravées à l'eau-forte. In-4° oblong, broché.

Très belles épreuves.

137. **Grasset St-Sauveur**. Costumes des représentants du peuple, membres des deux Conseils, du Directoire exécutif, des Ministres, des Tribunaux et autres fonctionnaires publics. *Paris, Deroy*, 1795. In-8°, br.

16 figures gravées par Labrousse et coloriées.

138. **Imperatorum Romanorum** omnium..... *Tiguri, ex officina Andreae Gesneri*, 1559. In-fol., fig., veau.

Orné de 118 portraits des empereurs depuis Jules César jusqu'à Charles-Quint, dans des bordures gravées sur bois, ainsi que de charmantes petites arabesques gravées sur bois par *Pierre Floetner*, de Nuremberg

Ouvrage rare. Le feuillet O 5 manque et a été remplacé par le ff. O 2 qui est double. Déchirures au titre et à quelques feuillets.

139. **Journal des Dames** et des Modes pour 1813 (janvier à mars). In-8°, demi-rel. veau.

12 planches coloriées de costumes et coiffures.

140. **Krafft et Ransonnette**. Plans, coupes, élévations des plus belles maisons et des hôtels construits à Paris et dans les environs. *Paris*, s. d. In-fol. cart., non rogné.

120 pl. donnant les plans, élévations et détails de décoration intérieure des hôtels construits à la fin du XVIIIe siècle.
Bel exemplaire d'un ouvrage rare et recherché.

141. **La Fontaine**. Les Amours de Psyché et de Cupidon, avec le poëme d'Adonis. *Paris*, *Saugrain*, l'an V, 1797, 2 vol. in-12, demi-rel. veau, n. rog.

Portrait de La Fontaine et 8 figures de Moreau le jeune.

142. **Lalaisse** (Hippolyte). Collection complète des Uniformes de l'Armée et de la Marine françaises. *Paris*, 1831-1848. Gr. in-4°, demi-chagr. vert.

Recueil comprenant 1 titre et environ 140 lithographies en couleurs ; 2 sont remontées.

143. — Types militaires du troupier français. *Paris*, *Morier*, s. d., 1855. Gr. in-fol., demi-rel.

Très beau recueil de 54 pl. coloriées.

144. **Le Brun** (Charles). Recueil de divers dessins de Fontaines et de Frises Maritimes. Inventez et dessignez par M. Le Brun, premier peintre du Roy. *A Paris*, *chez Audran*, s. d., vers 1680. Gr. in-fol., demi-bas., tr. r.

Titre et environ 30 planches sur 19 ff. gravés sur cuivre.

145. **Le Miroir des Dames** et de la jeunesse, ou leçons de toutes les vertus qui honorent les deux sexes. *Paris*, *Le Fuel*, s. d., vers 1820. In-12, cart., soie violette, fers spéciaux, tr. dorée.

Illustré de 20 jolies figures gravées.

146. **Léonard.** Le Temple de Gnide. Poème, imité de Montesquieu. Nlle édit. ornée de figures en taille-douce et augmentée de l'Amour vengé. *A Paris, chez Dufour*, 1773. Petit in-4°, veau marbr., tr. rouge.

Frontis. et 11 fig. par Desrais.

147. **Le Pautre** (ANTOINE). Les œuvres d'architecture d'Antoine Le Pautre, architecte ordinaire du Roi. *A Paris, chez Jombert*, s. d. Petit in-fol., veau marbré, dos orné, tr. rouge.

38 pp. de texte et 60 planches gravées, la plupart doubles.

148. **Levayer de Boutigny.** Tarsis et Zélie; nouvelle édition. *Paris, Musier fils*, 1774. 3 tomes en 6 vol. in-8°, veau ant., tr. rouge.

Vignettes par Eisen, Moreau, Cochin.

149. **Longus.** Les Amours pastorales de Daphnis et Chloé, translatées en françois par Jacques Amyot. *A Bruxelles*, 1776. In-12, vélin blanc, tr. marbr. (Rel. anc.).

Frontis. d'après Coypel, et 10 fig. d'après Philippe d'Orléans, Régent.

150. — Les Amours pastorales de Daphnis et Chloé. Écrites en grec par Longus et translatées en françois par Jacques Amyot. *A Londres*, 1779. In-12, br., n. rog.

Frontis. et 28 fig., y compris celle des petits pieds.

151. **L'Origine des Fleurs,** par Mr A. D. *Paris, Le Fuel*, s. d., 1818. In-18, cartonné, dans un étui.

Illustré de 6 vignettes et d'un calendrier orné.
Charmant cartonnage romantique, orné de dessins en couleurs.

152. **Malfilâtre.** Narcisse dans l'île Vénus. Poème en quatre chants. *Paris, Lejay*, 1769. In-8°, veau écaille, tr. rouge.

Titre gravé et 4 planches d'après Eisen et St Aubin.

153. **Mansart** (J.-HARDOUIN). Château de Clagny, près Versailles. Plans, coupes, élévations et détails intérieurs:

8 pièces gravées par Michel Hardouin, 1678. In-fol., rel. vélin.

Le même volume contient 9 pièces gravées par Israël Silvestre et Jean Marot donnant des vues des châteaux et jardins de Versailles, Monceaux et des palais du Louvre et des Tuileries.

154. **Marcenay de Ghuy** (Ant. de). Œuvres. *A Paris, chez l'auteur et chez Wille, graveur du roi*, s. d. In-fol., demi-chagrin rouge.

56 planches gravées par Marcenay de Ghuy, d'après Rembrandt, Van Dyck, Nicolas Poussin, et autres : portraits, paysages, sujets de genre, batailles.

Belles épreuves sur papier de Chine d'un tirage du commencement du XIX siècle.

155. **Marguerite de Navarre**. Heptameron françois, ou les Nouvelles de Marguerite, reine de Navarre. *Berne, chez la nouvelle Société typographique*. 1780-81. 3 vol. in-8°, veau porphyre, fil., fleurons dans les coins, dos ornés, tr. dorée. (Rel. anc.).

Frontispices, vignettes et culs-de-lampe par Freudeberg et Dunker.

Bel exemplaire d'un livre rare et recherché.

156. **Marin Bresciani**. Li trastulli guerrieri. *In Brescia*, s. d., 1668. Petit in-4°, rel. vélin.

Portrait de l'auteur et 68 pl. gravées sur cuivre donnant le maniement de la lance et de l'épée. Mouillures.

157. **Meyer** (F.). Collection de costumes suisses originaux dessinés par F. Meyer; accompagnée d'un texte explicatif. *Zurich*, 1835. Petit in-4°, demi-rel., dos et plats ornés, tr. dorée.

24 gravures à l'aquatinte et coloriées, représentant les costumes suisses.

158. **Moncornet** (B.). Les vrais pourtraicts des Roys de France..... depuis Pharamond jusques à Louis XIV à présent régnant. *A Paris, chez B. Moncornet*, s. d. Petit in-4°, rel. veau.

Titre et 64 portraits des Rois de France. On y a joint : 88 portraits de femmes célèbres, du commencement du XVIIe siècle et 3 pièces de caricatures d'après André Bot. Ensemble 155 pièces.

159. **Moreau.** Les devoirs du Prince, réduits à un seul principe, ou discours sur la Justice. *Paris*, 1782. In-8°, maroq. rouge, ornements sur les plats, fil., dos orné, tr. dorée. Rel. anc.

Bel exemplaire.

160. **Moreau** J.-M. . Estampes destinées à orner les éditions de M. de Voltaire. Dédié à S. A. R. Mgr. le Prince de Prusse. *A Paris, chez l'auteur*, s. d. Gr. in-8°, en ff. dans un carton.

Titre, dédicace et 74 gravures d'après Moreau le jeune.
Très belles épreuves à toutes marges.

161. **Odieuvre**. Recueil de 50 portraits, représ. des personnages historiques de tous pays, d'après les tableaux de H. Rigaud, Boizot, Nanteuil, Santerre, etc. Gravés par Fiquet, Roy, Gaillard, Aubert, etc. *Paris, Odieuvre*, s. d., vers 1750. In-4°, demi-rel.

Parmi ces portraits on remarque ceux des cardinaux Fleury et Rohan, Élisabeth d'Angleterre, Charles XII, Maxime-Emanuel de Bavière, Stanislas de Pologne et nombreux rois et hommes célèbres. Presque tous les portraits sont entourés de jolis cadres rocailles : Ceux du cardinal Lorenzana et du comte Arenda sont d'origine espagnole.

162. **Office de la Semaine Sainte** à l'usage de Rome, en latin et en français... Traduction nouvelle. *A Paris, chez P. Le Petit*, 1688. In-8°, mar. rouge, triple filet, sur les plats, dent. int., dos orné, tr. dorée.

Ex. au monogramme couronné de Marie-Anne-Christine de Bavière, femme de Louis, Dauphin.

163. **L'Office de la Semaine Sainte...** De la traduction de M. de Marolles. *A Paris, par la Cie des libraires associés*, 1700. In-8°, maroq. rouge, fil., fleurs de lys aux angles, dos orné, tr. dorée.

Aux armes de Louis XV.
Ex. fatigué.

164. **Office de la Semaine Sainte** et de l'octave de Pasque, en latin et en françois, à l'usage de Rome et de Paris. *A Paris, chez Fl. Delaulne*, 1703. In-8°, maroq. rouge, filets, chiffre couronné aux angles et au dos, tr. dorée.

Aux Armes de Philippe d'Orléans, Régent de France.

165. **L'Office de la Semaine Sainte**, imprimé par le commandement du Roy. *A Paris, chez J. Collombat*, 1727. In-8° maroq. rouge, dent. sur les plats et int., fleurs de lys aux angles, dos orné, tr. dorée.

Rel. aux armes de Louis XV.

166. **L'Office de la Semaine Sainte**, latin et françois, à l'usage de Rome et de Paris. Nouv. édit. *A Paris, chez Gr. Dupuis*, 1731. In-8°, maroq. rouge, dent. sur les plats et int., dos orné, tr. dorée.

Rel. aux armes de Louis XV.

167. **Office de la Semaine Sainte** à l'usage de la Maison du Roy... Et des instructions, prières et courtes réflexions, par M. l'abbé de Bellegarde. Nouv. édition. *Paris*, 1741. In-8°, mar. rouge, dent., dos orné de fleurs de lys, tr. dorée.

Aux armes de Louis XV.

168. **L'Office de la Semaine Sainte**, en latin et en françois, à l'usage de Rome et de Paris. Imprimé par ordre de Mesdames Anne-Henriette et Marie-Adelaïde de France. *A Paris, chez J. Guérin*, 1751. In-8°, maroq. rouge, large dent., dos orné, tr. dorée.

Aux armes de Marie-Adelaïde de France.

169. **Orfèvrerie**. Livre nouveau de Fleurs très utiles pour l'art d'orfèvrerie et autres. *A Amsterdam, chez Cornélis Danckertz*, s. d., XVIIe siècle. In-4° oblong, cart.

Titre et 10 planches de modèles de fleurs, avec de petits paysages dans le bas.

Épreuves à grandes marges, sauf le titre et la dernière feuille.

170. **Ornements**. Trophées, attributs, frises. 9 lithogr. du commencement du XIXe siècle, en 1 cahier. In-4° oblong cart.

171. **Ovide.** Les Métamorphoses, en latin, traduites en françois, avec des remarques et des explications historiques, par M. l'abbé Banier. Ouvrage enrichi de figures en taille-douce gravées par B. Picart et autres habiles maîtres. *A Amsterdam, chez R. et J. Wetstein et G. Smith*, 1732. 2 vol. gr. in-fol., reliure veau, fil., tr. dorée.

Bel ex. tiré sur grand papier, avec 1 frontispice et 124 fig. dans le texte, ainsi que 6 fig., d'après Le Brun, qui manquent souvent.

172. **Palissot.** Œuvres, nouvelle édition considérablement augmentée, enrichie de figures. *Liège et Paris*, 1778-79. 7 vol. in-8°, veau marbré, filets, dos ornés, tr. dorée.

Un portrait et 18 figures d'après Monnet et Méon. Bel ex.

173. **Passe** (Crispin de). Hortus Floridus... *Arnhem*, 1614. In-4° obl., cart.

160 planches gravées par Crispin de Passe représentant des fleurs et des jardins.

174. — Officina Arcularia... Bouticque Menuiserie dans laquelle sont compris les plus notables fondements, avec des nouvelles inventions. *Amstelodami*, 1642. In-fol., reliure vélin.

Titre et 18 planches gravés sur cuivre : ordres d'architecture, meubles, sièges, tables, cariatides, ornements divers.

175. **Percier** et **Fontaine.** Recueil de Décorations intérieures, comprenant tout ce qui a rapport à l'ameublement comme vases, candélabres, lustres, girandoles, cheminées, pendules, tables, lits, fauteuils, chaises, miroirs, etc., etc. *Paris*, 1812. In-fol., demi-chag. brun, tr. verte.

Ameublement style Empire.

176. **Perelle.** Vues des palais et jardins de Versailles, Trianon, St-Cloud, Vincennes, Madrid, Villers-Cotteretz, Monceaux, Liancourt, St-Maur, etc. *A Paris, chez Mariette et Langlois*, s. d. In-4° obl., br.

56 planches gravées par Perelle, d'après lui-même ou d'après Silvestre.

177. **Pindari.** Olympia, Pythia, Nemea, Isthmia, latinis translata carminus et illustrata a Joanne Costa. *Patavii, typis Seminarii*, 1808. In-4°, maroq. vert, garde soie, ornements dorés sur le dos et les plats, tr. dor. (Rel. anc.

Tome Ier seul (Olympia I-XIV) sur grand papier bleu.

178. **Plan de Paris** levé par l'ordre du Roy et par les soins de Messieurs les Prévosts des Marchands et échevins de l'année 1675, par le sieur Bulet, architecte du Roy, sous la conduite de M. Blondel. *Paris*, 1676. In-fol., en feuilles dans un carton.

Plan fort rare composé de quatre feuillets de texte et de 12 pl. gravées par de La Boissierre. Notre exemplaire n'en contient que 11 : la partie du haut à droite manque.

179. **Postes Impériales**. Etat général des postes et relais de l'Empire français... Pour l'an 1810. *Paris, imprimerie impériale*, 1810. In-8°, maroq. rouge, fil. et dent., dos orné, tr. dorée.

Aux armes de l'empereur Napoléon Ier.

180. **Poteries de la Reine**. Dessins de divers articles de Poteries de la Reine en couleurs de crème, fabriqués à la Poterie de Hartley, Greens and C°, à Leeds, avec une quantité d'autres articles. *Leeds*, 1785. In-4°, rel. bas.

45 planches gravées représentant 184 motifs : soupières, légumiers, saucières, plats, huiliers, vases, théières, tasses, etc.
Les planches 26 et 30 manquent.

181. **Regnard.** Œuvres complètes, avec des avertissements et des remarques sur chaque pièce, par M. G*** (Garnier). Nlle édition ornée de belles gravures. *Paris*, 1790. 6 vol. In-8°, reliés veau.

1 portrait et 11 fig. par Moreau et Marillier.

182. **Répertoire des Artistes** ou Recueil de Compositions d'Architecture et d'Ornements antiques et modernes, de toute espèces, par divers auteurs dont les principaux sont : Marot, Loire, du Cerceau, Le Pautre, Cottart, Pierretz, Cotelle, Le Roux, Berain, etc. Avec un abrégé historique

de la Vie et des ouvrages de chacun de ces artistes, par Ch.-Ant. Jombert. *Paris*, 1765. 2 vol. in-fol., demi-reliure veau.

Recueil formé par Jombert à l'imitation de l'*Architecture à la Mode*, publiée par Langlois. Cont. 680 estampes en 56 suites diverses relatives à l'architecture, à la décoration des appartements, à la bijouterie, l'orfèvrerie, l'ameublement, etc.

183. **Rousseau** (J.-J.). Emile, ou de l'Education. *Londres*, s. d., 1781. 4 vol. in-12, veau ant.

9 vignettes de Marillier.

184. — Œuvres complètes. Nouvelle édition, classée par ordre de matière par Seb. Mercier, l'abbé Brizard et de l'Aulnaye. *Paris, Poinçot*, 1788-1793. 38 vol. in-8°, veau mar., filets, dos ornés, tr. dorées.

38 frontis. et 42 figures par Moreau, Marillier, Le Barbier, Boucher, etc., 44 pl. représentant des plantes, et la musique notée.

185. **Rugendas** (G.-P.). Charges de Cavalerie : Sujets de Guerre et de Chasse ; études de Chevaux. Album de 72 pièces gravées à la manière noire par Christian Rugendas, d'après Georges-Philippe Rugendas, 1696. In-4° oblong, cart.

186. **Saint-Igny** (J. de). Eléments de Pourtraiture, ou la méthode de représenter et pourtraire toutes les parties du corps humain, par le sieur de St Igny. *A Paris, chez Langlois*, s. d. In-12, vélin blanc.

Illustré de nombreuses figures à l'eau-forte, gravées par l'auteur.

187. **Schrenck.** Augustissimorum Imperatorum, serenissimorum regum, atque archiducum, illustrissimorum principium, necnon Comitum, Baronum, Nobilium... (*Eniponti, excudebat Joannes Agricola*, 1601. In-fol., veau ant., ornements à froid sur le dos et sur les plats, tr. dor.

118 planches gravées reproduisant les armures de la collection d'Ambras.

188. **Smith** (George). The Cabinet-Maker and Upholsterers

Guide : Being a complete drawing book. *Londres*, 1826. In-4°, cart. demi-toile, n. rog.

150 planches, quelques-unes coloriées, représentant des modèles de meubles, décoration intérieure et tentures.

189. **Stapfer** (PH.-ALB.). Voyage pittoresque de l'Oberland, ou description de vues prises dans l'Oberland district du canton de Berne. Accompagnées de notices historiques et topographiques. *Paris, Treuttel et Würtz*, 1812. Gr. in-4°, cart., n. rog.

Frontispice en couleurs, Carte topographique, et 14 planches gravées en couleurs par Weibel et Dunker, tirées en double état, noir et couleur.

190. **Sweert** (FRANÇ.). XII Caesarum romanorum imagines. *Antverpiae*, 1603. Petit in-4°, rel. veau.

Frontispice et 12 charmantes fig. donnant les portraits des Césars, dans des encadrements grotesques du meilleur goût.

191. **Tassoni** (ALESSANDRO). La Secchia Rapita, poema eroicomico. *Parigi*, 1766. 2 vol. gr. in-8°, vélin blanc, dos ornés, tr. marb. (Bel ex.).

Portrait, vignettes et Culs-de-lampe par Gravelot, Huet.

192. **Theseus** de Cologne. Hystoire tresrecreative : traictant des faictz et gestes du noble et vaillant chevalier Theseus de Colongne, par sa prouesse, Empereur de Romme. *Paris, Jehan Longis et Vincent Sertenas*, 1534. 2 tomes en un vol. in-fol., impr. en goth. à 2 col., veau anc.

1re édition. Ex. incomplet de 3 ff.

193. **Tibulle.** Élégies de Tibulle, par Mirabeau. *Paris*, an VI (1798). 3 vol. in-8°, veau marbré.

2 portraits et 12 figures par Borel et Marillier.

194. **Tortorel** et **Perrissin.** Premier volume contenant 40 tableaux, ou histoires diverses qui sont mémorables touchant les guerres, massacres et troubles advenus en France en ces dernières années. *Paris*, 1570. In-fol. obl., cart.

40 planches (y compris le titre) dont 27 gravées à l'eau-forte, et 13 gravées sur bois. Elles sont fort curieuses sous le triple rapport de l'histoire, des costumes et de l'art.

Quelques raccommodages.

195. **Vallet** (Pierre). Brodeur ordinaire du Roy. Le Jardin du roy très-chrestien Henri IV. Dédié à la Royne. *Paris*, 1608. In-fol., vélin bl.

Titre-frontis., 2 portraits, et 73 planches de plantes et fleurs gravées sur cuivre.

196. **Vernèt** (Horace) et **Lami** (Eugène). Collection des Uniformes des armées françaises, de 1791 à 1824. *Paris*. 1822-25. 2 vol. petit in-4°, demi-chag. rouge.

147 lithographies coloriées, dessinées par H. Vernet et Eug. Lami.

197. **Versailles.** Description de la Grotte de Versailles. Texte français et allemand, et 20 planches gravées sur cuivre. Petit in-fol., cart.

Le titre manque.

198. **Vignettes.** Collection de 120 vignettes par Eisen, Marillier, Choffard, Cochin, Sébast. Le Clerc, Gravelot, B. Picart, etc. Montée en 1 vol. in-4°, rel. veau, tr. dorée.

Ex-libris de John Chaloner Smith.

199. **Vignole.** Nouveau livre des cinq ordres d'Architecture ; enrichi de différents cartels et morceaux d'Architecture : portails, fontaines baldaquins, etc. A *Paris, chez Crépy*. 1781. Petit in-fol., broché.

44 planches d'architecture et de décorations.

200. **Voltaire.** *La Henriade*. Nouvelle édition. *Paris*. 1770. 2 vol. in-8°, veau marbré, dos ornés.

Frontis., titre gravé, et de nombreuses vignettes, par Eisen, gravées par de Longueil.

201. — La Pucelle d'Orléans. Poëme en vingt-et-un chants ; édition ornée de figures gravées par les meilleurs ar-

www.ingramcontent.com/pod-product-compliance
Ingram Content Group UK Ltd.
Pitfield, Milton Keynes, MK11 3LW, UK
UKHW020509180726
13839UKWH00004B/1989